[美]博恩·崔西（Brian Tracy） 著
麦秋林 译

创造力与问题解决法

探究持续创新秘诀

CREATIVITY AND PROBLEM SOLVING

中国科学技术出版社
·北京·

Creativity and Problem Solving by Brain Tracy/ISBN:978-0-8144-3316-4.
Copyright©2015 Brain Tracy.
Original English language edition published by arrangement with HarperCollins Leadership, a division of HarperCollins Focus, LLC.
Simplified Chinese translation copyright 2020 by China Science and Technology Press Co.,Ltd.

北京市版权局著作权合同登记　图字：01-2021-5066。

图书在版编目（CIP）数据

创造力与问题解决法 /（美）博恩·崔西著；麦秋林译 . —北京：中国科学技术出版社，2022.1

书名原文：Creativity and Problem Solving

ISBN 978-7-5046-9315-0

Ⅰ . ①创… Ⅱ . ①博… ②麦… Ⅲ . ①企业管理 Ⅳ . ① F272

中国版本图书馆 CIP 数据核字（2021）第 247000 号

策划编辑	赵　嵘	责任编辑	杜凡如
封面设计	马筱琨	版式设计	蚂蚁设计
责任校对	邓雪梅	责任印制	李晓霖

出　　版	中国科学技术出版社
发　　行	中国科学技术出版社有限公司发行部
地　　址	北京市海淀区中关村南大街 16 号
邮　　编	100081
发行电话	010-62173865
传　　真	010-62173081
网　　址	http://www.cspbooks.com.cn

开　　本	787mm×1092mm　1/32
字　　数	55 千字
印　　张	5.25
版　　次	2022 年 1 月第 1 版
印　　次	2022 年 1 月第 1 次印刷
印　　刷	北京盛通印刷股份有限公司
书　　号	ISBN 978-7-5046-9315-0/F·964
定　　价	59.00 元

（凡购买本社图书，如有缺页、倒页、脱页者，本社发行部负责调换）

前言
PREFACE

创造性思维对一个人实现成功至关重要。一般来说,半数或半数以上企业管理者的工作时间都是花在独自或与团队成员协同解决问题上。解决困难、解决问题的能力非常重要,是一个人职业生涯发展的决定性因素。实际上,有一点可以肯定:缺乏创造性思维的人只能给更具创造性思维的人打工。

值得庆幸的是,创造力是一种本领,就像骑自行车、使用电脑一样,是可以学习的,是可以通过练习来培养的。另外,在工作中一个人提出的新想法的数量与其所取得的成功程度似乎存在直接关系。

创造力与问题解决法
CREATIVITY AND PROBLEM SOLVING

一个新想法或新见解足以改变一个人的职业生涯甚至整个公司的发展方向。一家公司的赢利能力、销售额、未来发展前景均依赖于其员工做出的创新贡献。

请记住：一个人已经拥有的一切或将要拥有的一切都取决于他如何运用他的思维。提高自己的思维能力，就可以提高自己的生活质量。

本书旨在提供一系列已经证实的、切实可行的方法和技巧，你可以立刻开始运用它们来改善生活品质、提升工作效率。学习并运用本书中的每一种方法和技巧都会让人收获满满。有时，运用这些方法和技巧产生的结果甚至会令你喜出望外。

令人遗憾的是，绝大多数人鲜有或者根本没有创造性思维。他们固守在"舒适区"内，努力与过去的言行保持一致。所以，拉尔夫·沃尔多·爱默

前言 Preface

生[1]曾言:"死脑筋地保持一致愚不可及。"

人人都会遇到使自己进步和成功的机遇,但是缺乏创造性思维的人正与这些机遇"擦肩而过"。

让我们开始以全新的方式来看待这个世界吧。

---

[1] 拉尔夫·沃尔多·爱默生(1803—1882):十九世纪美国著名的思想家、演说家、散文家和诗人。——译者注

目录
CONTENTS

第一章　创造力源泉	/ 001
第二章　激发创造力的三大因素	/ 008
第三章　思维风暴法	/ 015
第四章　提出激发创造力的问题	/ 023
第五章　通过头脑风暴释放团队的力量	/ 033
第六章　乐观是关键	/ 040
第七章　培养天才能力	/ 047
第八章　系统解决问题的七个步骤	/ 054
第九章　激发思维练习	/ 062
第十章　利用意识和潜意识进行思考	/ 073
第十一章　认识两种思维方式	/ 082
第十二章　练习水平思考法	/ 089
第十三章　思维是如何运作的	/ 096

创造力与问题解决法
CREATIVITY AND PROBLEM SOLVING

第十四章　系统解决问题九步法　　　　　　　　　　/ 103

第十五章　练习零基思考法　　　　　　　　　　　　/ 111

第十六章　面对现实　　　　　　　　　　　　　　　/ 118

第十七章　别让障碍成为问题　　　　　　　　　　　/ 126

第十八章　创新机遇的七大来源　　　　　　　　　　/ 132

第十九章　过时产品的十种创造性解决方案　　　　　/ 142

第二十章　价值工程原则　　　　　　　　　　　　　/ 150

第二十一章　评估你的想法　　　　　　　　　　　　/ 153

第一章
创造力源泉

人人都具有创造力。对于积极且高自尊的人来说，创造力是其自然、自发的特征。凡是能够创造积极工作环境的公司，都能源源不断地接收到来自每名员工的新想法。

创造力的影响因素

那么一个人的创造力主要取决于哪些因素呢？其因素有三。

■过往的经历

第一个决定创造力的因素是过往的经历。以前发生的事情对一个人目前的创造力有很大的影响。因自身的特殊背景，具有创造力的人似乎都自诩极富创造力。对于他们来说，提出想法是自然而然的事情。

相反，缺乏创造力的人常常身处消极的环境，从孩童时期到长大后进入不同的工作岗位，他们普遍认为自己根本没什么创造力。其实他们常常有好的想法，但是有好想法的时候，也会放弃或忽视这些想法，认为如果是自己想出来的，就不可能是好的想法。

如果在你（曾经）效力的公司里，你的想法得到鼓励、受到启发，你的老板和同事尊重你的想法，

第一章 创造力源泉

对你的想法很感兴趣,那么在工作过程中你会觉得自己的创造力有所提升。

■当前形势

第二个决定创造力的因素是当前形势。在你工作的地方,老板和同事会对你的想法给出很多鼓励吗?大家会一起谈笑风生、群策群力,抑或是你的想法会被大家嘲讽、批评?

20世纪90年代,伊士曼柯达公司是一家市值近300亿美元、拥有14万名员工的公司。它主宰着胶卷行业,20世纪90年代末之前一直如此。在这之后,伊士曼柯达公司的科学家和研究人员经过多年的努力,发现一种无须胶卷就能拍摄和打印照片的工艺,名叫"数码摄影"。当他们拿着这项发明来到公司高层管理者面前时,却遭受了严厉的批评,管理者告诉他们："这个想法不好，柯达是家胶卷公司，但是这项技术不需要胶卷。"

公司的科学家和研究人员被遣回自己的办公室、实验室，并被告知放弃这项新的技术。接下来发生的事情有目共睹。几年工夫，日本相机制造商全力以赴发展数码摄影技术，新式数码相机一个接一个地问世。很快，伊士曼柯达公司走向了衰败。

■**自我印象**

第三个决定创造力的因素是自我印象。你认为自己是个有创造力的人吗？你眼中的自己极具创造力吗？许多研究表明，95%的人表现出发挥卓越创造力的潜力。美国哈佛大学教育研究生院心理学教授霍华德·加德纳（Howard Gardner）通过研究得出结论：作为个体，每个人都拥有多种不同的思

第一章 创造力源泉

维方式，至少在一个领域是潜在的天才。也就是说，打开创造力之门的钥匙就是开始把自己想象成一个极富创造力的人。

💡 内心"游戏"

《高尔夫的内心游戏》（*The Inner Game of Golf*）的作者提摩西·加尔韦（W.Timothy Gallwey）在书中告诉读者：想要成为更好的高尔夫球手，就要想象自己已经是一名顶级的高尔夫球手，自己的打球水平已经达到冠军水平。把自己想象为优秀球手这一想法，其效果几乎立竿见影，让人挥杆更精准，驾驭球杆的姿势更优雅，推杆更完美。

同理，想要提高创造力，就要想象自己已经是一个极富创造力的人。你应该一遍又一遍地对自己说："我是天才！我是天才！我是天才！"

把自己想象成极富创造力的人，坚信自己极具创造力。只要运用创意，世上就没有任何问题是你解决不了的；只要想方设法去达成目标，就没有任何目标是你达成不了的；只要运用自身的创意，就没有任何障碍是你跨越不了的。用创造力消除障碍，就像用激光切割钢材那般轻而易举。

值得庆幸的是，每个人的大脑里都装着创意。创造力是大自然赋予人类的技能，以确保人类能够生存下去，能够处理日常生活中无法避免的问题并应对挑战。唯一不同的是有些人会常常运用天生的创造力，而有些人则很少运用它。

第一章 创造力源泉

▶ 实践练习

1. 确定今天最重要的目标是什么,你能立即采取哪一项行动使自己更进一步向这个目标迈进?

2. 确定你与最重要的目标之间存在的最大障碍。你能立即采取哪一项行动来消除这个障碍?

第二章
激发创造力的三大因素

有时候,有人跟我说觉得自己不是特别具有创造力。我向他保证,天生的创造力远超他所运用的。他需要做的是激发、释放自己大脑里的创造力。

我很喜欢用这个例子来说明:想象一下,你倒了一杯咖啡,往里面放了些糖。然后你举起杯子,轻轻地抿了一口,可却觉得咖啡还是太淡了,一点儿都不甜。这是怎么回事呢?答案很显然,你忘了搅动杯子里的咖啡,让里面的糖溶解,使其完全溶入咖啡里。

第二章
激发创造力的三大因素

你的创造力也是一样的,它就像咖啡杯底的糖,需要搅动起来才能溶解,最终溶入整杯咖啡里。

💡 三大因素

就像搅动咖啡里的糖一样,激发创造力取决于以下三个因素。

■强烈渴望实现的目标

你越清楚自己真正想要的东西是什么,对实现该目标越积极、越兴奋,你就会越有创造力,产生越多的想法。你越想要实现目标,就越有可能找到实现它的富有创意的方式。这就是为什么人们会说:"世上没有缺乏创造力的人,只是他们缺乏强烈渴望实现的目标。"

倘若确定了一个目标，并且将之实现，那么这会对你的生活产生非常积极的影响。把这个目标清清楚楚地写在纸上，让小孩子都能看懂它。明确自己最想要什么的行为几乎会立即触发你产生想法，从而采取行动来实现目标。

■**理清思路**

某些强大的刺激因素可能会激发你的创造力。如果某个问题或者障碍阻碍你实现重要目标，那么你会发现为了消除它，自己可以变得多具创造力。

清晰性对创造性思维至关重要。有一种办法可以让你的思路变得更清晰。首先，确定你的目的或目标。思考在生活的某个特定领域里，你真正想要的是什么，然后向自己提出问题："为什么我还没有达到这个目的？为什么我还没有实现这个目标？"再

第二章
激发创造力的三大因素

次,继续问自己:"导致我尚未达到目的或实现目标的所有原因中,哪个是最重要的原因?"最后,一旦找到了自己要达到最重要目的或实现最重要目标的最大障碍,你的大脑里就会开始产生一个又一个消除障碍的想法。

■提出问题

向自己和他人提出问题,逼迫自己深入思考自身处境,这也是激发创造力的重要因素。在《从优秀到卓越》(*Good to Great:Why Some Companies Make the Leap...And Others Don't*)一书中,吉姆·柯林斯(Jim Collins)称,一个伟大公司的标志是企业管理者愿意向自己提出严苛的问题,使自己深入思考自己的处境。

彼得·德鲁克（Peter Drucker）[1]曾经说过："我不是顾问，我是个'羞辱者'。我能做的不是给出答案，而是向他人提出棘手的问题，他们需要自己去思考，去找寻答案。"

通过本书，你会学习一系列自问的问题，只要给出答案就会释放创造力，深入了解问题的核心。你提出的问题越精确，你的创造性反应便能越快提供可行的答案。

💡 测试你的假设

激发创造力最强有力的方法就是不停地测试你

---

[1] 彼得·德鲁克（1909—2005）：现代管理学之父。——译者注

第二章
激发创造力的三大因素

的假设。一定要确保你设定的目标、提出的问题是真实存在于生活环境中,倘若把精力集中在错误的目标或问题上,对你便毫无益处。

你要不停地自问:"我的假设是什么?"请记住:关于生活、工作等的许多假设都是错误的,或者部分是错误的。有时,它们全都是错误的。

哪些是显而易见的假设?哪些是难以发现的或者无意识的假设?最重要的是,倘若你最重视的假设是错的,那你该怎么办?

错误的假设是失败的根源。每当你面对问题、阻力、困难时,就要问自己:"我的假设是什么?倘若我的假设错了,该怎么办?"

实践练习

1. 思考对你的工作或所在公司产生最积极的影响的目标是什么。

2. 思考工作或个人生活中正在做的重大假设，倘若结果证明这些假设不是正确的，那么你需要如何调整？

第三章
思维风暴法

你还记得前文那个把咖啡里的糖搅拌起来的比喻吗？你的大脑里储备着无穷的创造力，你可以利用各种各样的方法和技巧把它们激发出来。思维风暴法就是其中之一。

根据大脑学家托尼·布赞（Tony Buzan）的研究，一个人的大脑里约有1000亿个脑细胞，每个脑细胞都由2万个神经节和神经树突直接或间接地连接在一起。在数学上，这意味着你能产生的想法的数量是1000亿的2万次幂种，如果在纸上把这个数字一行行写下来，相当于 1 后面跟着 8 页数字 "0"。你的想法的数量比已知宇宙中的分子数量还要多。你真是个潜在的天才！

💡 思维风暴

就激发创造力来解决问题和实现目标而言，思维风暴法是迄今为止最强大的方法。它是通过焦点式提问把大脑的力量集中到单一问题上。以我的经验，与其他类型的创造性思维技巧相比，这个简单的方法可以让更多的人获得财富、取得成功。在研讨会上，我将此种方法称为"20 个思想方法（20 Ideas Method）"。

这种方法之所以如此强大是因为它很简单。

第三章
思维风暴法

首先，需要拿来一张纸，在纸的顶部以问题的形式写下你最棘手的问题或最紧迫的目标。例如，如果你的目标是在未来两年里让销售额和盈利翻倍，那么问题可以是："在未来的 24 个月内，我们如何才能让销售额和盈利翻倍？"提出的问题越具体越好，最好是通过明确数字或确定财务实施方案细化目标，即"在未来的 24 个月内，我们如何才能让年销售额从 500 万美元升至 1000 万美元？"

💡 给出 20 个答案

接下来，你要开始写答案。答案要使用第一人称撰写，还要使用一个具体的动词。

譬如，你可以说："我们将雇用和培训 22 位新销售人员。"或者你可以写:"在未来 12 个月里我们会向顾客介绍三种新产品。"

你要训练自己继续写下去,直到给出至少 20 个答案。你可以独自把答案写在纸上,或者与大家一起把答案写在白板或活动挂图板上。在这项练习中,你必须训练自己最少给出 20 个答案。

💡 变化四法

通常只有四种方法可以助你实现目标或解决问题。第一种,有些事情可以多做;第二种,有些事情可以少做;第三种,可以开始做些全新的事情;第四种,可以完全停止做某些事情。

在你思考以上问题的 20 个答案时,要不停地问

第三章
思维风暴法

自己:"哪些事情我应该多做,哪些事情我应该少做?哪些事情我应该开始做,哪些事情我应该停止做?"

在此项练习中,给出第一组答案会非常简单,你可以简单地总结出自己能多做或少做的事情。

给出接下来的 5 个答案会比较难,你要找到自己应该开始做或者停止做的事情。

给出接下来的 10 个答案是最难的,有时第 20 个答案会难到令你想放弃,可你必须强迫自己至少写出 20 个答案。

神奇的是,你常常会发现:第 20 个答案,那个需要想破脑袋才想出来的答案往往正是可以彻底让公司转型或者让个人生活改变的突破性答案。

💡 瞄准数量而非质量

每次想出一个答案时应该及时把它写下来，只有这样你才能激发自己的创造力。别担心答案的质量，先关心答案的数量。把想到的第一个答案写下来，再把相反的答案写下来，接下来把结合这两个答案的做法写下来。即使是觉得很荒唐的答案也要写下来。你只需逼迫自己至少给出 20 个答案，令人惊讶的是，有时候正确的答案就会自己"出现"。我的许多学生发现，通过运用此方法他们解决了困扰他们半年或更长时间的问题。

第三章
思维风暴法

💡 即刻行动

在你给出 20 个答案之后,再看一遍这些答案,然后挑出至少一个想法立刻实施。通过立刻实施这个想法,你可以让创意源泉源源不断地流淌。如果早晨开始工作前先做此项练习,你会发现自己一整天都会创意不断,就像早上起床刚刚健完身,大脑都会感觉更健康、更敏锐一样。

对于每个人来说,最难的就是做新的或不同的事情。当你想出一个很棒的想法,必须立刻下定决心克服惰性,跳出"舒适区"。人特别容易陷入"舒适区",不去把新想法付诸行动。跳出"舒适区"的你会发现你的想法让你自己和周围的人惊讶不已。

> **实践练习**

> 1. 明确你今天最大的问题或目标,用问题的形式把它写在纸的顶部。
>
> 2. 集中注意力训练自己一次性给出 20 个想法或答案,不能半途而废。

第四章
提出激发创造力的问题

　　焦点式提问会刺激大脑激发创造力，使想法变成行动。你提出的问题越多，问题越具体，想法就会越准确、越具创造力。真正聪慧之人的特征就是能够进行焦点式提问。你要先学会向自己进行焦点式提问，然后才能向其他人进行焦点式提问。以下是一些更重要的问题。

💡 明确自己想要做什么

这是商业和个人生活中最重要的问题之一。令人惊讶的是,很多人并非时时刻刻都清楚自己到底想要做什么事情。

作家本杰明·特里戈(Benjamin B.Tregoe)[1]曾写道:"对时间最大的浪费就是做根本没必要做的事。"

乔治·桑塔耶纳(George Santayana)[2]曾写道,狂热就是加倍努力却忘记目标。

许多人在职场中努力奋斗,有时工作日加班加

---

[1] 本杰明·特里戈:《理性经理人》的作者。——译者注

[2] 乔治·桑塔耶纳(1863—1952):哲学家、文学家,批判实在主义和自然主义的主要代表。——译者注

第四章
提出激发创造力的问题

点，有时周末不休息，可对于公司的总目标和宗旨而言，他们正在努力去做的事情可能与之关系不大，或者不是特别相关联。

每当你感觉事情进展得太迅速、工作阻力越来越大，而成就感却越来越小……这也许是该喊暂停的时候了。停下工作，关上房门，关掉电子设备，只问自己一个问题："我到底要做什么？"

《经济学家》（*The Economist*）杂志曾报道过一项跨越20年的研究。该研究是让150位研究人员对22000家公司进行10多年的追踪调查。此研究项目的目的是分析决定一家公司或一个国家的管理能力水平的因素是什么。最终，研究人员发现提高管理效率由三个因素决定：①设定清晰的目标；②设定正确的评价业绩的方式；③对业绩好的部门或个人进行奖励。

在任何情况下，带来好的业绩和成果的高效管理始于为公司、为每个部门、为组织里的每个人设定清晰的目标。而作为公司一员的你，到底要努力做什么呢？

💡 明确自己要怎么做

在实现个人和商业目标的过程中，每当面对问题、障碍、阻力或外部挑战时，你需要再次停下来，把想到的全都写在纸上。需要认真分析一下从目前状况到实现心中目标所要经历的全过程。

你会不会走在错误的道路上？你努力实现目标的方式会不会无效了、会不会过时了，你要采取完

第四章
提出激发创造力的问题

全不同的行动吗？

《财富》（*Fortune*）杂志的作者杰弗里·科尔文（Geoffrey Colvin）写过一篇关于商业模式创新的文章，他的结论是：大部分公司正在使用过时的商业模式。更糟糕的是，如果你的公司以信息技术为基础，销售的产品是无形资产，那么有90%的可能是你的公司发展方向偏离轨道。

2007年，当苹果公司宣布推出智能手机iPhone时，诺基亚公司和黑莓公司都对之不屑一顾，认为这是"一个玩具、一时风尚，很快便会被人所遗忘"。他们认为自己的市场主导地位是无法撼动的。

针对苹果智能手机，黑莓公司的一个高级管理者曾大放厥词："没有人会想使用手机的应用程序。"今天，苹果公司提供超过120万个不同的手机应用程序,让用户可以通过手机执行几乎所有业务和自己想做的操作,还具有各种各样其他手机公司想都没想过的功能。2013年,诺基亚公司和黑莓公司走向衰败,成为商业史书中的典型案例:作为市场领导者,却没能提出"我要怎么做才能保住手机市场的主导地位"这一问题。

在企业发展规划等方面你会像诺基亚公司和黑莓公司一样盲目自信,对于市场的根本性转变和变化视而不见吗?然而这些转变和变化使你所在公司的商业模式在某些部分变得过时了。

明确自己想要怎样的结果

对于你今天面对的某个问题或目标,理想的结

第四章
提出激发创造力的问题

果或解决方案是什么?

想象自己拥有一根魔法棒,你可以对当前的公司挥一下魔法棒,让各项工作变得尽善尽美。如果你现在所在的公司,无论是产品、服务、人力资源、利润等多方面都变得很完美了,那么会与今天有何不同?

戈登·摩尔(Gordon Moore)和安迪·格鲁夫(Andrew Grove)使英特尔公司成为芯片生产的领导者,年收入以数百万美元计算。然而日本人、韩国人等其他国家的人开始以低其很多的价格生产出同样质量或更为优质的芯片,产品席卷了美国市场,从与英特尔公司产品的销售竞争中脱颖而出。

据说,有一天这两个人坐在安迪·格鲁夫的办公室,他们向自己提出了一个问题:"如果英特尔公司董事会把我俩解雇了,引入新的企业管理者,那么新的企业管理者会做哪些不同于我们的事情呢?"

他们即刻达成一致,新的管理者会退出商品化的芯片制造业务,把英特尔公司所有的资产和资源全部投入生产新一代个人计算机的微处理器中。于是,他们就这么做了。随后他们便把英特尔公司发展成为世界上最庞大、最挣钱的公司之一。他们有勇气、有远见地提出了问题:我们要做什么?我们要怎样做?我们要怎样的结果?

💡 思考是否有其他方法实现我们的目标或想要的结果

会不会有更好的方法?如果我们不这样做,还有没有更好、更快、更便宜、更容易的方法?

请记住:总有更好的办法。总有更高效的方法

第四章
提出激发创造力的问题

可以实现目标。总有更卓越的方法可以让你的天赋与资源得到充分利用。

想象一下,你雇用了一位收费很高的管理顾问来到公司,让其对公司高层管理者当前的行动与战略进行评估。顾问坐下来以后,开始问一些令人不舒服的问题。他想知道公司高层管理者正在做什么,为什么要这样做。他想知道为实现同样的目标,你是否考虑过其他的办法。他想让你准确地告诉他:公司的整体目标及宗旨是什么,以及每个可能会帮助你实现目标及宗旨的部门的目标及目的是什么。

你应该让自己成为管理顾问。想象一下你自己作为雇员来到公司,冷静地、理性地、一丝不苟地检查自己公司的方方面面,然后向自己提出严苛的问题。

> **实践练习**

> 1. 用 12~25 个词清晰地阐明你在公司里要做什么。

> 2. 用 12~25 个词阐明你为实现目标制订的行动计划。你到底要怎样做?

第五章
通过头脑风暴释放团队的力量

公司团队或组织实现协同增效和激发创造力最强大的技巧之一是头脑风暴。企业管理者的主要任务是与核心员工定期举行提升业务水平的头脑风暴会议。作为管理者,你一定要把团队成员的创造力激发、利用起来,创造环境鼓励员工把他们最棒的想法分享出来,助你实现成功。

💡 头脑风暴程序

以下是六条通过头脑风暴激发创造力的准则:

(1)头脑风暴小组的理想规模是四至七人。少于四人,产生的想法数量往往较少,质量往往较低。超过七人,会议会难以控制,有些人甚至没有机会分享自己最棒的想法。

当我组织人员数量较多的头脑风暴会议时,我会把他们分成四至七人一组,分别进行小组讨论,会议最后阶段再整体分享所有人的想法。

(2)头脑风暴会议的理想时长是15~45分钟,30分钟最佳。提前宣布头脑风暴的会议时长,并且一到时间就结束,这一点非常重要!因为有了时间的限制,人们往往能更加迅速地集中精力,产生想

第五章
通过头脑风暴释放团队的力量

法的数量与质量也会大幅提升。

（3）头脑风暴会议的目标是在给定的时间内产生尽可能多的想法。产生想法的数量直接关系到质量。有时，头脑风暴会议最后一刻想出来的正是可以改变公司或组织未来的突破性想法。

（4）头脑风暴会议的基调必须完全是乐观积极的，这就意味着不要对大家想出来的想法做任何判断和评价，每个想法都是好想法。作为企业管理者，你的目标是鼓励大家提出尽可能多的想法。即使想法极其荒谬，也要予以鼓励和表扬。

一个荒谬的想法加上另一个荒谬的想法，结合起来会产生革新性的想法，这种情况并不少见。让整个头脑风暴过程有趣、傻气、幽默，确保每个人都很开心，会议期间带来的笑声越多（部分笑声是那些傻里傻气的想法带来的），想法的质量就会越好，数量就会越多。因此，把目标定在产生尽可能多的想法或解决方案上，不要担心它们是不是好想法、好方案。

（5）在开始头脑风暴会议之前，大家要选出一位组长。组长的具体责任是确保每个人都有机会分享自己的想法。要获得此等水平的参与程度，最好的方法就是组长绕着桌子，要求每个参与者提出一个想法，然后再重复这一行为。这个过程惊人的有效，就好比启动了轮船的外侧发动机。一旦组长绕桌子走完一圈，每个人就会变得兴奋、投入，手舞足蹈、争先恐后地提出自己的想法。

组长的工作就是确保进程有序，鼓励每个人分享自己的想法，保证人人都有说话的机会。

第五章
通过头脑风暴释放团队的力量

（6）头脑风暴会议还需要一位记录员。此人除了要分享自己的想法外，还要承担一项工作，即把大家提出来的想法全部写下来。在特别活跃的头脑风暴会议中可能需要不止一位记录员，因为参会人员会提出很多很多想法。每当我与国际商业机器公司（IBM）或者其他公司的人员进行头脑风暴会议时，我会建议不同的小组之间进行比赛，看看哪组能提出最多的想法。这种"提想法竞赛"让每个人把重心放在提出最多的想法上，而不是去评判或评价他人的想法。

名义群体法

名义群体法是一个很简单但却很强大的方法，

在头脑风暴（还有思维风暴）过程中加以运用，有利于通过特定问题得出创造性的答案。名义群体法最简单的例子就是完成句子练习。譬如，你可以用尽可能多的答案来完成以下三个句子：

（1）如果……，我们就能在随后的三个月内将销售额翻倍。

（2）如果……，我们就能在运费上节省20%的成本。

（3）如果……，我们就能成为市场中的主要供应商。

组长绕桌子走一圈，同时鼓励大家用尽可能多的答案来完成这三个句子，或者其他你想出来的句子，假设已经存在一个符合逻辑、切实可行且负担得起的解决方案，只等着大家找出它。作为企业管

第五章
通过头脑风暴释放团队的力量

理者,你的工作就是通过句子练习刺激大家,引诱其提出最佳的想法。

定期使用这种方法可以有效激发公司团队或组织每个人的创造性思维,大大增加提出想法的数量。这是一种极好的方法,有助于找到已经近在眼前但你还没意识到的解决方案。

> **实践练习**

1. 使用本章提到的方法,找出对公司发展起到重要作用的问题或目标。

2. 召集头脑风暴小组,向他们解释(本章介绍的)程序,然后让他们开始头脑风暴,提出尽可能多的想法来解决问题或实现目标。你会发现这一方法非常有效。

第六章
乐观是关键

2013年,《企业》(*Inc.*)杂志对500家发展最迅速的小型公司总裁的品质进行研究,发现这些公司的管理者都有一项卓越的品质:他们对自己公司的产品、服务及未来都乐观得令人不可思议。这种乐观会传染、渗透到公司的各个层面,让员工充满活力和想象力。不仅如此,这种乐观似乎还能有效激发创造力,使员工产生新想法,帮助公司更加成功。

有两种方法可以培养和维持乐观的态度:

第六章
乐观是关键

（1）大多数时间里思考并谈论自己想要什么和怎样得到它。乐观的人每时每刻都在思考自己的目标。他们认为自己的世界充满希望，总在思考怎样能实现目标、解决问题。

（2）寻找每种状况中好的一面。乐观的人深信每个问题都有其解决方案。他们相信如果有清晰的目标，就能找到实现目标的方法。当出现新的状况时，往往容易出错，乐观的人总会寻找其中好的一面或有益之处，确保自己从逆境或挫折中受益。

💡 乐观者的语言

乐观者有个显著特征，他们从不用"问题"这个词。相反地，他们会直接把逆境或挫折称为"状况"，去除消极的一面。他们会说："今天我们要面对一个有趣的状况。"

"问题"一词会激起人们的恐惧和失落，而"状况"一词则很中性。人们需要与问题作斗争，而状况只需要应对。

还有一个更佳的词语叫作"挑战"。面对问题，你会挣扎，会感觉自己遇到了挫折，会失去时间或金钱；可面对挑战，你会奋力而起，竭尽全力去应对。

从现在开始，当事情出错时，你只需要用"今天要面对一个有趣的挑战"这样一句话来应对。

实际上，最佳的词语是"机会"。当你开始在逆境或困难中寻求可能暗含的机会时，一定会惊讶地发现：当初自己把问题当成困境，错过了多少机会啊。

第六章 乐观是关键

当你面对逆境或挫折时,你最应该问自己的问题是:"为什么这是个问题?"

当你面对逆境或挫折时,你可能觉得这是上天送你的礼物,提醒你走错了方向。然而这个时候,如果你能够把问题当作上天送给你的机会,那么未来你会更加成功,这才是卓越管理者的思维方式。

💡 寻求宝贵的教训

如果在每次经历逆境或挫折时,你都能吸取宝贵的教训,那么在面对问题时就能保持积极乐观。有条放诸四海皆准的真理,即每次逆境或挫折都包含着能助你未来更为成功的教训。

你可以做这样的练习:确认今天要面对的最大

问题或困难,想象这是上天送给你的礼物。从中吸取教训,这样做有助于你在生活或事业上更快前进。

💡 汲取思维养分

要成为一个完完全全的乐观者,你需要经常汲取思维养分,补充积极的想法、信息和知识,同积极的人聊天。

你心里总是想什么就会成为什么,同理,你的大脑总汲取什么也会成为什么。如果你吃健康、有营养的食物,你就会有健康、充满活力的身体。如果大脑汲取积极的东西,那你就会有积极的心态、更加聪明的脑袋、更有创意的思维。

当你培养这种思维方式来面对困难时,会发现

第六章
乐观是关键

自己可以从生活中的每个困境中获得的杰出洞察力和经验。通常,你学到的经验将有助于日后获得成功。

积极的心态、积极的言辞、开阔的眼界,这些都是催化剂,会让你的大脑以更快、更高的水平运转。

无论是什么,只要你经常去想,它就会慢慢渗入你的生命。就好比磁铁会吸铁屑,如果你平时都说着消极的东西,想着消极的东西,又或者担忧未来的事情,身体就会启动"吸引力法则[1]",把这些东西也"吸"进你的生命里。所以,一定要小心!

---

[1] 吸引力法则可以简单定义为"关注什么,就吸引什么"。也就是说,你关注的事情往往最有可能在你的生活当中,即你的意识和想法会吸引那些你关注的事物。——编者注

你的大脑需要保持思维清晰并且处于投入状态，拥有信念并且渴望成功。强烈的情感会触发超意识，其中最强烈的情感就是渴望。你的渴望越强烈，大脑就运转得越迅速，洞察力和想法就会帮助你更快地朝着目标前进，使你更快实现目标。

实践练习

1. 从今天开始，下定决心做一个完完全全的乐观者。只思考、谈论你想要的东西以及如何得到它们，任何情况下都寻找事情好的一面。在每个困难里找寻宝贵的经验，坚持从书籍、音频、视频和谈话中汲取积极的、有益人生的"精神蛋白质"。

2. 使用乐观者的言辞。不要用消极的词语，换成能激发和凸显解决方案的词语。

第七章
培养天才能力

研究人员对历史上许多被世人认定为天才的人进行研究,从而确定他们的基本思维过程、行动与行为方式。通过研究发现,这些天才中的许多人智力普通,或略高于平均水平,他们并非爱因斯坦那样的天才。

不过,他们似乎都有着三种能力。幸运的是,这三种能力是可以培养的。当你对这三种能力加以练习,你也能变得越来越聪明。掌握这三种天才能力,你也可以成为拥有创造性思维并且能够解决问题的天才。

💡 专心致志

天才拥有的第一种能力是对一件事情专心致志、全心全意，摒弃一切纷扰的能力。这种能力通常被称为"专注力"（Concentrated Mind Power，简称CMP），所有伟大的创造性突破和成就似乎都与它相伴。在实现重要目标、管理时间、完成任务和执行所有创造性的工作中，专心致志是必不可少的。

可惜，今时今日，大多数人都被没完没了的杂事弄得应接不暇，这一情况主要因为科技的发展，邮件不断"送来"新信息，人们不停地打开又关闭智能手机屏幕，然后另一部电话开始响，信息又不

第七章 培养天才能力

断地传递进来。另外,工作场所里的人也会不停地打断彼此的工作,让彼此分心。因此,人们会说:"工作的时候根本干不了活。"

如果你要做到专心致志地学习,就必须创造大块、不间断的时间段,在此期间你可以不被打断,不会分心地工作。

最重要的时间管理原则也许是"把所有东西关掉",这对于创造力和专注力来说是极其重要的。每天在特殊的时间段里为自己创造"沉默区",断绝与一切技术设备的联系。你需要为自己的思绪留出时间,30分钟、60分钟或90分钟,安静下来,就像水桶里的泥沙一样沉淀下来。只有这样你才能清晰、有效地思考。

💡 看清因果关系

天才拥有的第二种能力是有看清因果关系、看清大局的能力。天才总是思想开明、容易变通，就像小孩子似的去寻找解决问题的各种方法。

可以试着把你的工作、自己和所在公司当作某个有机体的组成部分。这意味着要考虑每个细节是如何触及和影响你周围的一切的。不要把某个事件当作独立的、分开的事件，而要仔细检查导致这个事件发生的所有事情，包括事件发生之后将会发生的所有事情。把你的境况放到更大的格局中，考虑各种各样事情的内在联系。

不要迷恋或爱上某种特殊的解释或某个解决方案。会让创造性思维"刹车"的因素之一就是迷上

第七章 培养天才能力

或爱上自己提出来的某个想法,之后我们就会竭尽所能地说服别人接纳它。如果我们能说服别人支持我们的观点,就会认为自己成功了,哪怕想法很可能是不正确的。

不要封闭自己的想法,要以开放的心态去思考其他尽可能多的想法。要保持变通,哪怕面对的是自己认为不可思议的点子。在检查完所有可能性之前,不要轻易接纳任何想法。

把你的想法当作是别人提出来的,保持怀疑的态度,对此提出问题,最初要假定这个想法是完全错误的。

创造力与问题解决法
CREATIVITY AND PROBLEM SOLVING

💡 运用系统的方法

天才拥有的第三种能力是运用系统的、有序的方法来解决问题。首先，他们会清晰地定义问题并将问题写下来。然后，他们会提出诸如此类的问题：这个问题是怎样产生的？这到底是问题还是机会？这真的仅仅是单个问题，还是指向一个更大的或不同的问题？

在学校里，老师教你运用数学思维来思考问题。当离开学校之后，你将很少有机会使用代数、几何知识，除非你进入某个专业领域。事实上，学习这些知识的目的是教会你使用系统的方法来解决问题。你要学会用系统的方法来解决每一个问题，然后把这种能力应用于其他领域。所有的天才都会用系统

第七章 培养天才能力

的方法一步步地解决问题。

请记住：行动就是一切，你的行动就是你本身。练习天才具备的能力，你很快就会像天才一样做事情。

▶ 实践练习

1. 选出一个你正在处理的重大问题，在纸上写下这个问题的所有细节。有时当你写出这些细节的时候，答案会自然而然地呈现出来。

2. 先从你纠结的问题中退出来，观察这个问题与你工作中其他方面的因果关系。拿出一张纸，在纸的中央画个圆，在圆里写出你遇到的问题，然后在其外围画出蜘蛛腿般的分叉线条，在分叉线条旁边写出与这个问题相关的人和要素。

第八章
系统解决问题的七个步骤

要想更好地解决问题,有解决方案总比没解决方案好。本章将介绍系统解决问题的七个步骤。

清晰地定义问题——把问题写出来

书写是一种被称为"精神神经运动"(Psychoneuromotor)的活动。把问题写在纸张、白板或活动挂图板上,你就能有效运用自己的视觉、听觉和动觉。一开始就定义问题可以把你的整个大脑激活,因此

第八章
系统解决问题的七个步骤

定义问题的行为可以在开始解决问题之前就把半数的问题解决掉也就不足为奇了。

有人会为一个问题纠结良久，极有可能是因为他们一开始没花时间来清晰地定义问题。在生活和工作中，模糊思维是取得成功的主要障碍。

💡 阅读、研究和收集信息

解决问题需要了解事实。麦肯锡是世界领先的管理咨询公司，而麦肯锡方法的第一条就是定义问题。在开始解决问题之前，先要明确问题的方方面面，然后从所有渠道尽可能地收集信息来证实每个细节，确保问题的正确性，而不仅仅是基于某种假设。

你收集的信息越多,正确解决问题的方案就越有可能从数据中浮现,这就像奶油会自然而然地浮到牛奶的表面一样。想要实事求是地解决问题,要抵制以下这一情况:在解决问题的过程前期对某个解决方案情有独钟,然后只寻找证实这个初始结论的信息。你一定要保持开放的心态。

💡 别重蹈覆辙

请记住:不管你需要解决的问题是什么,它都有可能已经被其他人或在其他地方得到过解决,而且往往付出了很大的代价。在这种情况下,你就无须重蹈覆辙。通过咨询消息灵通的人士和专家,寻找经历过同样问题的人,搞清楚他们是如何解决问

第八章
系统解决问题的七个步骤

题的。大多数情况下,你无须从头开始。

当你在解决工作中的复杂问题时,也许最好的方法是把时间和金钱用在雇用一位该领域的顾问或专家上。通过支付几百美元或几千美元的咨询费,你常常能够节省一大笔钱和缩短时间。我在业务上犯过的一些代价极大的错误,均源于我对某个行业的想法或项目投入时间和金钱之前,没有或不愿意咨询专家。

💡 让你的潜意识运转起来

一旦你收集好信息,与相关人员彻底讨论之后,首先尝试用潜意识来解决问题。把你可以做的一切思考一遍,如果你对自己想出来的答案不满意,就把它暂时放到一边。给其他人机会，让他们思考一段时间之后，再次安排讨论或者把问题重新再审视一遍。

当你把注意力从某个问题或困难中转移到完全不同的事情上，让新的事情完全占据你的思想，这时候，你的潜意识就会像超级电脑处理复杂的公式或一连串的数字那般，开始每时每刻地思考问题。通过把问题转移到更高层次的心智模式上，让你的大脑放松下来，去忙些别的事情，更高层次的心智模式往往会在你特别需要帮助的时候给你带来想要的答案。

利用睡眠

睡前把问题先回顾一遍，在潜意识里寻找解决

第八章
系统解决问题的七个步骤

方案。第二天当你有必须要处理的困难或困境时，这方法似乎特别有效。通过向潜意识寻求解决方案，醒来时，你常常会得到完美的答案或解决方案，从而更好地应对你必须要面对的问题。可能你半夜醒来，心里就有了答案或解决方案；也可能你早上起来，答案就像蝴蝶一样无声无息地落在肩头那般，已经摆在那里。

💡 写下来

我们常常会忘记事情。你要随身带着笔记本，以便随时把答案、想法和见解记录下来，以免忘记，这是个很好的策略。当灵光闪现时，一定要快速地把它写下来。一个好想法常常会节省好多年的努力，可能是你幸运的起点。

💡 采取行动

最后,不管是什么想法,都要立即采取行动,别犹豫。想法往往是有时间限制的。若马上采取行动,可能会得到很棒的结果;但若是等待几个小时或几天后才采取行动,往往会错失良机。应避免这样的事情发生在你的身上。

▶ 实践练习

> 1. 挑选你面对的问题或目标,在"百度搜索"里输入关键词。下载所有关于这个特殊问题或目标的文章和博客文章并仔细阅读。你可能会惊讶于他

第八章
系统解决问题的七个步骤

人已经找到的信息和正在做的有关事情。

2. 当你弄清楚自己的问题或目标后,多多询问、寻找生活或工作中已经解决过这个问题的人。问问其他人是否认识可能对你正在处理的问题有所了解的人。你可能会发现自己很快就能找到合适的咨询对象。

第九章
激发思维练习

你肯定听说过这样一句话：知识就是力量。

可只有切实可行的知识，也就是可以用来达到某个目的、实现某个成果或利益的知识，才真正具有力量。若知识可以决定一切，那么所有图书馆的管理员就会很富有，因为他们身边围绕着汗牛充栋的知识。

本章的六种练习方法会帮助你确定目标和发现问题，然后运用你自己的创造力和知识来实现这个目标或者解决这个问题。

第九章
激发思维练习

💡 快速清单法

第一种练习方法是在 30 秒或者更短的时间内把这个问题的答案写下来：现在你的生活中最重要的三个目标是什么？

这种练习方法被称为"快速清单法"。当你只有 30 秒的时间来写下生活中最重要的三个目标时，那个真正的目标就会突然从纸上"蹦"出来，有时候会吓你一跳。

当我请出席研讨会的人做这个练习时，超过 80% 的人会写下三个一样的目标：经济目标、家庭目标和健康目标。事实本该如此。事实也证明这三个目标几乎是每个人生活中最重要的三个目标。

一旦大家回答完这个问题，我就让他们针对自己这三个方面进行从一到十的自我满意度评分。其结果证明：在打出最低分的方面，他们正面临着最多的问题，感到最不快乐。你也可以试试这种评分方法。

在研讨会上，我会把此练习展开，让老板和经理们回答一连串快速清单问题，尤其是在业务、财务、销售、产品、人力资源和竞争方面的目标问题。对于每一个问题，与会者只有 30 秒的时间写下答案。他们的答案相当有启发性，常常有助于业务转型。

💡 严苛的问题

阻隔你与实现所有目标之间的唯一东西就是某种困难或障碍。它是什么？第二种练习方法是专注

第九章
激发思维练习

于吉姆·柯林斯（Jim Collins）[1]所称的"严苛的问题"——逼迫自己聚焦问题。

你可以从这个总问题开始思考：今天我需要解决的最迫切的三个困难是什么？然后你把这个问题解决法运用到工作的各个重要方面。你可以问：

（1）今天我在业务上遇到的最迫切需要解决的三个困难是什么？

（2）今天我在财务上遇到的最迫切需要解决的三个困难是什么？

（3）今天我在销售中遇到的最迫切需要解决的三个困难是什么？

---

[1] 吉姆·柯林斯：著名的管理专家及畅销书作家，代表作为《基业长青》。——译者注

（4）今天我在竞争或市场中遇到的最迫切需要解决的三个困难是什么？

（5）今天我在人力资源方面遇到的最迫切需要解决的三个困难是什么？

（6）今天我在产品或服务上遇到的最迫切需要解决的三个困难是什么？

（7）为了提高经营业绩，我能马上采取的最重要的三个解决方案是什么？

向自己提出这些问题并准确地给出答案，然后把自己确定的解决方案付诸实践，这种能力是你商业成功的决定性因素。

第九章
激发思维练习

💡 运用帕累托原则

第三种练习方法称为帕累托原则,也叫二八定律。无论企业还是个人,二八定律都适用。在企业里,80% 的问题、障碍、困难、焦虑和担忧都是你自己或所在公司的内部因素引起的,只有 20% 是由外部的因素或人决定的。

对于卓越的思想者来说,首先要明确问题,然后提出问题:"我自己或所在公司的哪些因素导致了这个问题的出现?"

💡 确定最喜爱的借口

在研讨会上,我常常会问与会者:"这里有多少人想让自己的利润翻倍?"

会议室里的每个人都举起了手,然后我会问:"为什么你们公司今天的利润增长没有翻倍呢?"

这个时候,我会指出同行中有很多公司的利润两倍、五倍、十倍高于他们。在这些盈利更为丰厚的公司中,许多人入行的时间还没有会议室里的人早。所有这些公司的管理者与我研讨会上的老板和经理们面对同样的竞争环境。那么,为什么这些公司挣的钱往往比与会者的公司多呢?

通过这个练习,人们会发现他们最喜欢为自己不完美的财务表现找出哪些借口。为什么你的公司利润没有翻倍?你最喜欢说的借口是什么?对于自己不努力争取更优异业绩的原因,你会跟自己、跟其他人说什么呢?

第九章 激发思维练习

你自身或公司里,是什么在拖后腿?

不断提出这些问题、回答这些问题可以激发你的创造力,给你带来想法和见解,从而解决、克服阻拦你实现商业和个人目标的问题与障碍。

理想化练习

领导者应该有远见。远见乃是想象未来理想状况的能力。领导者应该关注当下,制订从今天走向理想未来的蓝图。

如果你能挥舞魔法棒,让未来的生意变得尽善尽美,将会是什么样子?与今天相比会有何不同?最重要的是,从当前位置走向目的地要做的第一步是什么?

确定好今天你要做的第一步,然后马上行动,其他事情就会水到渠成。值得庆幸的是你至少总能往前看一步。你可能无法完全看清楚通向未来的道路，但总能看清眼前的一步。如果你能做到看清几步就走好几步，那么你一定能看清前面的道路，向前走得更远。

"峰值体验思维模型"是一种经过证明的理想化的方法。通过畅想未来，想象完美的状态，然后关注当下，你常常会得到一个美妙的视角，明确自己力所能及的事情，再从今天开始，脚踏实地创造未来的完美事业。

💡 魔法问题

这是一个很有意思的练习。你需要问自己："如

第九章 激发思维练习

果知道自己不会失败,那么我会勇敢地尝试做什么大事呢?"

想象你还拥有那根魔法棒。只要挥舞一下,就可以实现生活中任何一个目标。如果这是可能之事,那么实现什么目标会对你的生活产生最积极的影响呢?

不管你的答案是什么,你总会有一个答案。把它写下来,制订计划,开始每天为之奋斗。一定要迈出第一步,只要行动起来,一切便迎刃而解。不过,你仍需每天为这个重要的目标奋斗,因为如果能够实现,你的生活将会发生翻天覆地的变化。

> **实践练习**

1. 把你生活中最重要的三个目标写下来,关于公司或者个人的。请现在就把它们写下来。

    2. 确定一个若能实现便会对你的生活产生最积极影响的目标。

第十章
利用意识和潜意识进行思考

人人都可以利用意识和潜意识来思考并解决问题、做出决定和实现目标。了解意识和潜意识的不同之处,将它们的潜力最大限度地发挥出来,这样做可以有效提升生活与业务水平,让你开拓创新,倍道而行。

💡 意识

意识是人对周围环境及自身的认知能力和觉察能力,是大脑高级神经中枢功能活动的综合表现。当一个人处于忙碌或行动状态的时候会运用意识。意识是客观的、合理的、务实的，可以进行推理，做出选择。它会从许多渠道收集信息加以分析，与其他已经存在记忆中的信息进行比较，做出决定。意识是新信息进入大脑的通道。

丹尼尔·卡尼曼❶在其畅销著作《思考，快与慢》(*Thinking, Fast and Slow*)中阐述了我们在生活中几乎时时刻刻都在以两种思考形式来运用意识。

■快思考

第一种思考形式即快思考，它依赖直觉，有自

---

❶ 丹尼尔·卡尼曼：美国普林斯顿的伍德罗·威尔逊公共及国际事务学院荣誉教授，行为经济学的开创者之一，2002年获得诺贝尔经济学奖。——译者注

第十章
利用意识和潜意识进行思考

动、本能、直接的特征。一个人的意识会运用这种思考形式来应对日常生活中发生的临时事件。快思考很像开车,当你在路上行驶时,会快速做出决定,对不断变化的情况做出及时反应。一天当中大部分的时间里,你都处于快思考中。聊天的时候、打电话的时候、回复邮件的时候、应对外部要求的时候,你都会使用快思考。在这些情况下,你会自然而然地进行快思考,而且大多数情况下都很适用。

■慢思考

丹尼尔·卡尼曼描述的第二种思考形式是慢思考。这种思考形式要求你说话、行动前放慢思考的脚步,对正在发生的事情进行仔细考虑。

当你从事或做出任何会产生长期影响或后果的活动、决定时,应该使用慢思考。譬如,制定商业战略会迫使所有参与人员进行慢思考。这是绝对必要的，因为商业战略制定中的决定会产生长期影响，很大程度上会决定一个公司的成败。

丹尼尔·卡尼曼有一个伟大见解：人们常常在需要运用慢思考时运用了快思考。在做重大决定时，许多人往往不会暂停下来对所有事实和细节进行仔细思量，而是使用快思考，不经意间就做出了具有长期影响的承诺和决定。

■落到纸上的思考

当你需要慢思考时，要提出问题并把思考的内容写到纸上，这是从快思考切换到慢思考的最佳方式之一。用提出问题这种方法逼迫你自己放慢速度，更好地考虑当下的事情。把思考的内容写到纸上，尤其是在你审视所有相关事实或细节的过程时，这

第十章 利用意识和潜意识进行思考

会令你不得不慢慢思考。

如果你事先用很长时间进行思考,便能够做出更好的决定,这是常规惯例。做重要决定时,只要有可能,你都应该"拖延时间"。如果可能,"拖延"24小时、一个周末、一周、甚至一个月再做决定。花越多的时间来思考一个重要的决定,当你最终选择采取行动时,就能做出越好的决定,无一例外。

💡 潜意识

潜意识是你大脑的强大发电站或者图书馆。它会接收你所有的经历、知识、决定、想法和思想,并将这些信息储存起来。你的潜意识记录着所有的信息，它记得一切，并且能以新的形式和模式对所存信息进行融合，从而解决问题。

■相信本能

《探索奇迹》的作者彼得·邬斯宾斯基（Peter Ouspensky）曾经说过，潜意识的运转速度是意识的30000倍。我们对新认识的人的本能反应就是一个例子。你的一生中会遇到形形色色的人，有些人你一见到就喜欢，而有些人你一见到就不喜欢。整个评判过程的时间通常不到4秒。后来你会发现自己喜欢或不喜欢、信任或不信任一个人完全是有原因的。可初次见面的一瞬间，你的意识就好像给这个人的脸拍了一张快照，传入潜意识"图书馆"里，即刻与之前见过的每张脸进行对比，产生喜欢或不喜欢的感觉。

第十章
利用意识和潜意识进行思考

潜意识的一个主要作用是让所有言行符合自己的思想观念。潜意识会控制你的肢体语言、声音语调、自信水平,以及你对自己的胜任力或能力的认知。

■让大脑里充满积极的想法

当你不断往意识里灌输积极的想法、消息和画面时,这些信息会直接传到你的潜意识里,立刻开始影响你的思考方式和对自己的感觉。

在前面的章节里,我提到重复对自己说"我是天才!"有多重要。当你刚开始说这句话或任何其他积极的话时可能会觉得有点儿不舒服。但是,随着你一遍又一遍地重复这些话,你的潜意识就会把那股不舒服感从新想法、新观念中抹掉。最终,你的潜意识会接收这个新指令,把它认定为新的现实状态。然后,确保你的所做、所想、所说、所感与你编入潜意识里的新模式相一致。

💡 整合意识和潜意识

请记住：你是个潜在的天才。你的大脑拥有近1000亿个脑细胞，每个脑细胞都由2万个神经节和神经树突直接或间接地连接在一起，这让你的思考能力超越迄今为止最庞大的超级电脑。

你可以运用自己的意识和潜意识做任何事情。你可以通过意识把自己想要的东西想得清清楚楚、明明白白，然后对目标进行规划，写下来，从而把它输入潜意识，启用更高层次的力量。你应该冷静且自信地期待并确信自己的潜意识时时刻刻都在运转，以便在正确的时间潜意识给你带来正好想要的东西。

第十章
利用意识和潜意识进行思考

通过整合意识和潜意识,你就能把隐藏在自己体内的那个天才"释放"出来。

▶ 实践练习

1. 花时间慢慢思考,完全想清楚自己想要什么以及实现目标时的情景。把自己真正想要的东西清楚地写下来。

2. 要一遍遍对自己重复说积极的句子。你可以说:"我是天才!"不过必须要用能使你反应最强烈的句子。

第十一章
认识两种思维方式

　　思维的方式会抑制或释放你天生的创造力。自孩童时期起你便开始学习自己独特的思维方式，这通常是模仿父母的结果。小时候懵懂无知，你会自然而然地学习父母的思维方式。

　　不同的思维方式通常是由你所拥有的生存机制或应对机制决定的。它们是无意间培养起来的，是你对周遭世界不确定性和不可预测性的回应。令人高兴的是思维方式是可以学习的，所以也能加以改变。实际上，通过不断的练习，你可以改变无用的

第十一章
认识两种思维方式

思维方式，换成另一种更加充满动力的积极的思维方式。

💡 机械性思维

如果把各式各样的思维方式排成一行，那么其中一端会是机械性思维，另一端则是适应性思维。

拥有机械性思维的人刻板、僵化，很难改变自己的想法和观点。他们依赖人们常说的"死记硬背"或快思考。他们固执于自己对世界的看法和解释，不接受任何与之有别的想法或观点。

机械性思维也是一种规范性思维，拥有这种思维的人认为世间一切非黑即白，非对即错，两者之间鲜有灰色地带。

拥有机械性思维的人往往悲观，他们总是在寻找新的东西或不同的事物不起作用或者无法奏效的原因。在自然语言处理（NLP）中，这被称为"按差异排序"（Sorting by differences）。这类人会在他人的话语或建议中不断寻找与过去发生的事情或者他们现在相信的东西有什么不同。一旦这类人发现不同或冲突之处，便会立刻贬低他人的想法，弃之不顾。

机械性思维是没有创造力的。拥有机械性思维的人最喜欢用的字就是"不"。这些人得了所谓的"态度硬化症"。

怎样处理拥有机械性思维的人呢？你只需给他们安排无须创造性思维的工作或岗位。

拥有机械性思维的人可以成为优秀的会计、工

第十一章
认识两种思维方式

程师或数据程序员。在性格测试中,他们会在"合规性"和"稳定性"两项上得高分,处在完全可测、无波无澜的情景中会感到最舒适。他们不是特别具有创造力,而且安于这种情况。事实上,拥有机械性思维的人在很大程度上认为:那些更善于接纳新想法的人不如他们稳定,不比他们有能力。

💡 适应性思维

适应性思维的特点是以高度灵活性来应对所有项目、问题或目标。正如我们之前提到的那样,这种思维方式乃是天才和极具创造力之人的特征。你要常常练习这种思维方式。

事实上,有些人是在一些方面上运用机械性思

创造力与问题解决法
CREATIVITY AND PROBLEM SOLVING

维,在另一些方面上运用适应性思维。有的人在政治立场上固执、刻板,而在其他方面却很宽容、随和。理想的情况是你在尽可能多的方面成为一个运用适应性思维的人。

拥有适应性思维的人思想开放,不会固执于自己的想法。如果其他人要求他们对某个想法进行客观评估,他们会保持客观的态度,并且会放弃原有的错误想法。

拥有适应性思维的人更能适应新状况,愿意从多个不同的角度探究问题。他们会乐观地相信问题能够解决,会不断寻求创新或积极的方案来面对最艰巨的挑战。

拥有适应性思维的人具有创造力、想象力,会问许多开放性的问题:为什么会这样?什么时候发

第十一章
认识两种思维方式

生的这件事？在哪里发生的这件事？怎样处理这件事？谁来处理这件事？选择哪一种方案更合适？

要想成为一个拥有适应性思维且极具创造力的人，关键在于尽可能不要做评判，尤其是事情刚发生的时候。控制自己不做评判，而是保持开放的思想，你的思维自然更能适应新状况。

最后，如果你真的做了决定，却发现其不能成立，那么你一定要改变原有想法或信念。不要陷入某个特定想法或信念中走不出来，尤其是当证据对你不利的时候。

▶ 实践练习

1. 打破自我限制的想法，尤其在天赋、能力和潜力等方面。假设你现有想法全是错的，但请相信自己拥有无限潜力,你要做的只是学会释放它。

2.想象一个今天让你感到非常沮丧的情况。你的想法完全错了,而其他人完全正确。如果有种方法可以有效处理当前问题,但是此方法完全有别于你目前为止所能想到的一切。在此种情况下,你该怎么做?

第十二章
练习水平思考法

水平思考法使我们的思维走出舒适区或者传统的思维方式。英国学者爱德华·德·波诺（Edward de Bono）是水平思考法研究的先驱。以下的例子能够形象地描述水平思考法的含义：当人们发现自己身处洞穴时，大部分人的自然反应是把洞穴挖得更深。然而，正确的解决方案可能是另辟蹊径，挖一个完全不同的洞穴。

水平思考法可以用来打破你的思维定式，或者让你改变沉溺"舒适区"的偏好，不再以过去一贯的方式做事。

💡 反向关键词

有一种水平思考法是使用反向关键词（Reverse Keywords）。譬如，正如我在前文中提到的，把问题称为"机会"。脑子里想着机会，把问题当作上天送你的礼物去审视它，寻找其中可能蕴含的机会。

不要说"我们的销售下滑了"，而是说"购买力下滑了"。不是我们不卖力销售，而是顾客没有足够的购买力。这会改变整个局面的焦点，引出一个完全不同于最初的解决方案。

第十二章
练习水平思考法

💡 随机联想

另一种水平思考法是使用随机联想。选择一些词语，然后强行用它们来描述你所处的情境。挑一个词语，例如橘子或者洋蓟，然后用它来描述你的公司、产品或者问题。

譬如，你可以说："我们的公司就像橘子，因为它表面看似非常光滑，但当我们靠近的时候，会看到很多坑。橘子里有很多籽，还有囊壁，把橘子分隔成一瓣瓣，每瓣橘子之间没有'沟通'。当然，我们的公司还有'果汁'（利润最丰厚的部分），我们对这部分也许没有足够的重视。"这种随机联想练习常常会以意想不到的方式激发你的创造性思维。

💡 核心观点

还有一种水平思考法叫作"核心观点"。如果核心观点是"我们有个真正的问题",那么利用水平思考法的思考方式应该是"我们有一个真正赢利的机会或者削减成本的机会"。

把你的思维从核心观点上转移开。例如,与其说"我们需要销售更多产品",不如说"我们的客户需要购买更多产品"。

你正在经历的失败或者正在遭受的损失也许是在暗示你:你走的路不对。或许你应该做些不同的事情,销售不同的产品,提供不同的服务,进入不同的市场。也许今天遭受的损失会让你通过做些不同的事情,做出不同的改变,从而实现获利。

第十二章
练习水平思考法

要练习水平思考法，就应该了解其他人的看法，尤其是客户的看法，尝试站在客户的角度看待局面。律师在为案件上法庭做准备的时候就会这样做。在准备本方的辩护材料前，他们会先从对手方的角度进行争辩。

💡 考虑客户开发

《精益创业》(*The Lean Startup*)和《四步创业法》(*The Four Steps to the Epiphany*)阐述了当下营销界最伟大的突破之一：以"客户开发"而非"产品开发"为核心。这就要求创业公司花时间去深入研究潜在客户的年龄、心理等数据。创业公司花时间去了解潜在客户是谁，他们真正想要什么，真正需要什么，然后基于这些信息来开发产品和服务。

💡 幻想

幻想是练习水平思考法的另一种方法。想象你有根魔法棒，挥舞一下，就能消除所有的障碍，实现自己的目标。如果这一切真的发生了，只要挥舞这根魔法棒，所有的问题或障碍消失了，你的境况会成什么样子？

假装障碍根本不存在，境况会有什么不同？你会采取什么不同的做法？若你无须受限于时间、金钱、资源、天赋、能力等，会有什么新的可能、新的机会为你敞开？思考完这些问题后，寻找一种方法，甚至在无须消除这些障碍的前提下，在缺少一切你想要的自然优势的前提下，实现自己的目标。

第十二章
练习水平思考法

> **实践练习**

> 1. 你的公司与橘子有何可比性?你如何通过更改公司架构来提高生产能力和赢利能力?
>
> 2. 你的潜在客户真正想要的是什么,真正需要什么,愿意花钱买什么,所有这些与当前情况有何不同?如果你优化了产品和服务,将如何推广到市场上?

第十三章
思维是如何运作的

思维是个十分奇妙的东西,它是一台极大的信息处理器,能对所有感官接收的信息进行处理。每个人碰巧都有自己的主导思维方式,也就是说,每个人会尽可能以自己最佳的方式来处理、接收和运用信息。

在创造性思维中,有三种基本的信息处理方式:

(1)视觉。用视觉处理信息的人通过图片、文字、图像和表格等进行思考。他们必须"看到"问题或信息才能理解它们。他们会说:"我看明白你的

第十三章
思维是如何运作的

意思了。"

（2）听觉。有些人需要听到想法、讨论和音乐等。他们会说："这听起来不错"，或者"我听着不对"。

（3）动觉。用动觉处理信息的人对自己的运动、触觉等更加熟悉。他们必须对问题或形势有"感觉"。他们喜欢把东西拿起来，握在手里反复把玩，"感觉"它们。他们喜欢到处走走，而不是坐下聊天。他们会说："我觉得不错。"

💡 全都试一遍

当你着手解决一个问题时，应该和一群拥有不同信息处理方式的人一起把所有方式全都试一遍，并把问题或形势写下来。跟他人进行交谈,让他们参与讨论。站起来来回走,鼓励其他人也动起来。

看图片、画图形、做图表是让用视觉处理信息的人产生见解的好方法,他们可以更深入地了解问题或形势。

鼓励讨论,把问题或形势大声说出来,就此展开对话,这对于用听觉处理信息的人来说很有帮助。

为了让动觉活跃起来,你应该把事情写下来,大声交谈,来回走,动起来。有时候,到公园走一走,或者只是站起来休息一下,都是让用动觉处理信息的人想到解决问题、扭转局势的好办法。

第十三章
思维是如何运作的

💡 来自有效研讨会、工作坊的经验

当我开始举办研讨会的时候,我会做讲座,在白板或活动挂图板上把新想法写下来,鼓励大家做笔记,然后让他们讨论这些新想法对于他们的意义。如此不经意间,我已经在激发每位观众的视觉、听觉和动觉进行信息处理了。

研讨会、工作坊的参与者总是惊奇地发现,即使经过八个小时,他们仍然会保持清醒,仍然精力充沛。这是因为这一天他们整个大脑都被完全激活了。

💡 确定自己的主导方式

人人都会运用视觉、听觉和动觉进行信息处理,但每个人都有一种自己偏爱的主导方式。一定要把三种方式全都试一遍，尤其是当你和一组人共同解决问题或做出决定时。假定要以不同的信息处理方式来引起小组人员的兴趣。有时你可以给他们几页数字数据，他们甚至都不会看，因为他们喜欢用听觉和动觉进行信息处理。

以人们喜欢的方式向他们提供信息

彼得·德鲁克在《卓有成效的管理者》一书中提到，你需要做的最重要的事是找出你的上司喜欢如何处理信息。若你的上司是个运用视觉处理信息的人，一定要把所有信息都写在你的报告里，如此你便是通过视觉的方式来讨论事件和观点；若你的

第十三章
思维是如何运作的

上司是个运用听觉处理信息的人,你可以通过谈话来阐述形势,你的上司会舒舒服服地接收信息;若你的上司是个运用动觉处理信息的人,他可能在谈话过程中想要触碰或感受你提供的资料,想要站起来来回走动。

当你向一个用听觉处理信息的人提交书面报告时,他会问你:"请读一下最后一句话,它是什么意思?"如果与你打交道的是用视觉处理信息的人,你把新闻或信息告诉他时,他可能会问:"你能给我写下来吗?"

当你与员工一起解决问题、做出决定时,把这三种信息处理方式全部囊括加以运用,会得到更好、更有洞察力的想法和方案。

实践练习

1. 确定你在学习和接收信息方面的个人偏好或主导模式是什么。

2. 确定你的上司和主要员工信息处理的主导模式，直接询问他们喜欢如何接收信息，然后用这种方式把信息提供给他们。

第十四章
系统解决问题九步法

长期以来,有智慧的人观察到天才具有一些特定的能力。其中之一就是他们会以系统的、有序的方式处理所在领域的每一个问题。

这种强大的方法旨在尽可能把情绪排除在解决问题的方法论之外。它迫使解决问题的人更客观地看待问题,按部就班地解决问题。

这种系统解决问题的方法分九个步骤。

创造力与问题解决法
CREATIVITY AND PROBLEM SOLVING

💡 系统解决问题九步法

■假定存在符合逻辑的解决方案

第一步，无论面对什么问题、困难，你总要假定存在符合逻辑的解决方案。一开始对待问题的态度将决定你可以释放自己的创造力，不要把创造力"锁"起来。你要以积极的态度来对待每一个问题或困难，坚信有个合乎逻辑、切实可行的解决方案在等着你去发现。

作为一个具有创造性思维的人，目标之一就是在整个创造性思考的过程中，尽可能保持冷静且不动声色。

■使用积极的语言

第二步，正如我之前所说的，你要使用积极的

第十四章
系统解决问题九步法

语言来描述问题或困难。不要用"问题"这个词语,而应该使用"状况"这个词语。"问题"这个词语会引来消极的状态,让大脑产生情绪,而"状况"是个中立的词语,会让你冷静、客观地处理困难。

不要用"问题"一词,更好的选择是使用"挑战"一词。迎接挑战时,你会呈现最佳状态,而面对问题时,你会变得消极,从而引来压力或挫折。

最佳的词语是"机会"。当你开始把面临的每个问题或困难当作挑战或机会时,就会看到各种各样的可能性,即使到目前为止,这些可能性被掩盖了。

■清晰地定义

第三步,无论如何,你要把状况定义清晰。状况到底是怎样的?准确地判断相当于成功了一半。当与小组讨论遇到的困境时,使用白板或活动挂图板把所有人认同的状况清晰地写出来。

通常情况下，把状况定义好，尤其是把它定义为挑战或机会后，每个人的思路都会更加清晰，状况往往会很快得到解决。

■提出问题对状况做出判断

第四步，提出问题："造成这种状况的所有可能存在的原因是什么？"就像医生进行一系列完整的检查来确定病人到底得了什么病一样，企业管理者首先要确定状况是由什么原因造成的。

大多数情况下，造成当下状况的因素是单一事件，只发生一次，不需要对活动或企业经营方式进行系统性的改变。少数情况下，状况是系统性的，要求对企业的经营方式进行彻底改变。

第十四章
系统解决问题九步法

■ **挖掘可能性**

第五步,提出问题:"所有可行的解决方案是什么?"对于这一问题,你挖掘可能的解决方案数量直接关系到最终选择的解决方案的质量。

解决问题的过程中,在进入决策阶段前,要进行系统的调研。在这一阶段,你的任务是挖掘尽可能多的可行的解决方案,包括什么都不做的方案。

■ **决策**

第六步,做出决策。很多情况下,如果你循序渐进、按部就班地完成前五步,最佳的决策自然会呈现出来,如同奶油自然浮在牛奶表面上一样。

绝大多数情况下,任何解决方案通常都比没有解决方案好。若在某个时刻,你因需要更多信息而无法做出决策,那么就给自己设定一个截止日期,截止日期一到，就必须做出最终决策，别让问题悬而未决。

■安排具体负责人

第七步，安排具体负责人。谁做什么，什么时候做？需要特别注意的是，要为解决方案制定一个衡量标准，以便每个人都能清楚地知道解决方案是否已经实现。

■设定截止日期

第八步，设定截止日期。没有截止日期的决策只是简单地循环讨论。与每个人就解决方案的时限和何时能确定解决方案的进展达成一致。

■立刻行动起来

第九步，立刻行动起来，马上将解决方案付诸实践。在最后的分析中，行动是一切。你越快行动

第十四章
系统解决问题九步法

起来,就能越快得到建设性反馈,反馈信息可以让你改变轨迹,采取更为有效的行动。

提出解决问题步骤的宗旨是让你和周围的人做好准备,为实现特定的、想要达成的结果采取积极的、建设性的行动。如果不采取行动,那么整个创造性思维的练习就仅仅是一个智力娱乐过程。

每个优秀的解决方案不仅是行动计划,还可以监督、控制、测试计划,这些功能嵌在行动之中,使你明确解决方案是否有效。

💡 顶级企业管理者的责任

我曾有机会与全世界上千家大型公司的顶级企业管理者共事。他们通常是亿万富翁,我曾在他们应对公司重大问题或危机时观察他们。

我注意到这些顶级企业管理者在面对会让周围人感到沮丧、愤怒的问题时完全心平气和。

每当你要面对重大的管理问题或危机时,一定要保持头脑冷静、清晰。遵循本章介绍的步骤直到把它们培养成你的习惯。你会为你想出来的优秀的解决方案和有效决策感到惊喜。

> **实践练习**

1. 你的公司现在面临的最大问题或者挑战是什么?把问题或挑战定义清晰。

2. 列出七件你用来解决问题或化解危机时要做的事情,包括什么都不做这一方案。

第十五章
练习零基思考法

零基思考法是一种创造性思维技巧，会帮助你从完全不同的角度看待问题，找出解决方案。你应该定期审视此前生活中的每项决策，尤其是当你收到新的信息或者得到新的体验，而这些信息或体验与最初做出决定时所依据的想法相悖。

零基思考法源自一个财务概念：零基预算。零基预算是指不考虑过去的预算项目和收支水平，以零为基点编制预算，具体指不受以往预算安排情况的影响，一切从实际需求出发，逐项审议预算年度内各项费用的内容及开支标准,结合财力状况,在综合平衡的基础上编制预算的一种科学的现代预算编制方法。

💡 展开"已知现在所知"分析

以下问题就是所谓的"已知现在所知"(Knowing What I Now Know,简称KWINK)分析:"今天,若需从头再来,已知现在所知,那么在所做的事情中,有没有我一开始便不会去做的?"

在之前的所有想法下画一条线,准备好用这个问题来挑战你之前所做的每一个决定。

如果你提出了这个"已知现在所知"的问题,而答案是:"有的,若已知现在所知,我不会再次陷

第十五章
练习零基思考法

入如此境地。"那么,你的下一个问题就是,"我怎么做才可以走出现在的困境,多快能够从中走出来?"

我发现:若你提出"已知现在所知"问题,而得到的答案是"有的",通常意味着这个时候为时已晚,情况无法挽回。现在唯一的问题是:你打算等多久,花多少成本,才能最终接受现实,停止当下所做的事情?

💡 运用零基思考法的三个主要领域

在你的生活和职业生涯中,有三个主要领域可以运用零基思考法。第一个领域是关系。今天,若需从头再来,已知现在所知,那么在商业上或个人生活中,有没有你不会再交往的人?

若已知现在所知关于某人的一切信息，你会不会不再雇用他，不再给他升职，不再给他安排工作或委派任务？

生活、职场或个人生活中的困难、压力和痛苦，85%来自你一直与某人产生联系，一起生活，一起工作，若已知现在所知，你一开始便不会与之交往。

第二个可以运用零基思考法的领域是工作中的各个层面。今天，若已知现在所知，必须从头再来的话，那么公司做的决策有没有你不会再去做的？

今天，若已知现在所知，在所提供的产品或服务中，有没有你一开始便不会再引入市场的？

今天，若已知现在所知，在所使用的营销、销售、商业拓展方法中，有没有你一开始便不会再采用的？

第十五章
练习零基思考法

今天,若已知现在所知,在经营的过程、程序或方法中,有没有你一开始便不会再去实施的?

第三个可以运用零基思考法的领域是金钱、时间、情绪方面的投资。无论如何,人们都不喜欢失去金钱。可对于商业领域或个人生活中的金钱投入,许多经过我们慎重考虑的决定结果证明是错误的。简单地问自己:"如果没有把钱投在此种产品、服务或活动上,已知现在所知,我今天还会投钱进去吗?"

如果你的答案是"不会",那么下一个问题就是:"我怎么从这种境况中走出来,多长时间能够走出来?"

心甘情愿折损,承认自己犯了错,承认是自己不对。基于当前的信息,承认投钱进去的产品、服务或活动不是个好投资。如果你拒绝承认自己犯了

错，就相当于让自己的钱打了水漂。

人们不喜欢失去金钱，同理，人们也不喜欢浪费时间。你可能投入了无数时间来开发一个新产品或新项目，这时，你了解到一个新学科或一项新技术，或进修了一门特殊的课程，凭借现在所知道的信息，你意识到开发的新产品或新项目不是个好想法。你浪费了时间，覆水难收。对于一个显然原来投入的时间已经是白白浪费的情况或领域，最好的解决方案就是停止投入时间。

最后，我们常常会在各种关系（工作上的和个人的）和行动过程（学习或职业方向）中投入许多情感。然而，若我们犯了错，所有情感投入只是徒劳无功，那么我们必须做好及时止损、潇洒离去的准备。

为了在未来运用创造性思维提出最佳的新想法，

第十五章
练习零基思考法

你必须清除阻碍运用创造性思维的心理障碍。零基思考法是你用来保持适应力和思想开放的最佳工具之一,它会让你在生活的方方面面成为一个称职有能力、拥有创造性思维的人。

▶ 实践练习

1. 在工作上或个人生活中,找出一段今天你不想再进入并决意要尽快终止的关系。

2. 在工作或个人生活中,找出一个活动,若需从头再来,你便不会再开始实施这项活动并决意要即刻摆脱它。

第十六章
面对现实

通用电气集团前董事长兼总裁杰克·韦尔奇（Jack Welch）说过，商业上最重要的原则就是现实原则。此原则指的是一种能力，一种以世界的本来面目而非你所希望的样子来看待世界的能力，一种在任何情况下，无论你多自以为是，都会对自己完全诚实的能力。当杰克·韦尔奇参加解决问题的会议时，第一个提出的问题就是："现实情况是怎样的？"

这也应该是你提出的问题。现实情况是怎样的？仔细审视你的公司和个人生活中的每个方面，提出

第十六章
面对现实

这个问题。"今天,若需从头再来,已知现在所知,那么在所做的事情中,有没有我不会再去做的?"

你迟早都要接受现实,这是你无法逃避的。时过境迁,你所处的境况不复存在,已经过去了,结束了,你必须往前走。唯一的问题是你要等多久,付出多大的代价,才肯接受现实?

当你最终接受这个现实:若已知现在所知,不会再次陷入此等境地,并决定终止它时,你会有两种反应。值得高兴的是,人人都会经历这两种反应。第一种反应,你会如释重负,甚至欢呼雀跃。你会很高兴,因为肩上的压力和心里的挫折感消失了;第二种反应,你会问自己:"为什么我很久之前没有这么做?"

无成长状态

我的一个客户创建了一家相当成功的公司。可一段时间之后公司的销售增速趋于平稳，无法进一步提升。这种无成长状态让我的客户以及公司里的许多人感到挫败，很不高兴。不管他们怎么做，似乎都无法追上或超越竞争对手。

当然，他们会把问题归咎于各种各样的因素，如竞争力差、当前的经济状况不好、技术的改变、无效的广告宣传、产品服务的问题和缺陷等。

我的客户最终意识到问题出在自己最好的朋友身上。但是到了这个时候，公司必须转型了。他的这位朋友在公司成立之初便在公司，他才是真正的问题所在，是公司未来成功的障碍。当公司还小，

第十六章
面对现实

处于成长阶段,他做出了重大的贡献,可是当公司的规模变得更大,复杂的经营把他完全压垮了。

当我的客户把他的朋友换掉后(这是一个艰难且昂贵的管理决定),公司的障碍消除了。公司聘用了更有能力、更称职的新员工,他们在销售、营销、融资、市场定位方面很有经验。接下来的一年内,公司的销售额和盈利翻了倍。今时今日,他们的销售额和盈利还在增长。

💡 勇气是关键

有时你要后退一步,诚实地、客观地审视自己的生活和工作,这需要很大的勇气。基于当下的状况,你常常不得不承认自己犯了错,或确定之前做

创造力与问题解决法
CREATIVITY AND PROBLEM SOLVING

的决定是不对的。

被誉为"体育界有影响力的人物"的马克·麦考马克（Mark H. McCormack）[1]是著名的现代体育产业奠基人。他在著作《哈佛商学院不会教你的商业策略》（*What They Don't Teach You at Harvard Business School*）一书中提到过，一位企业管理者要想在瞬息万变、混乱、动荡的市场环境中取得成功，必须尽早学会并经常开口说三句话："我不知道。""我需要帮助。""我错了。"

而我认为，为了让自己更有勇气，你应该学会并经常开口说以下三句话。第一句你必须学会说的

---

[1] 马克·麦考马克：国际管理集团（IMG）创始人。——译者注

第十六章
面对现实

话是："我错了。"据美国管理协会统计显示，在一定时期内几乎所有企业管理者做出的70%的决定都是错误的。它们也许是小错，也许是大错，也许是大灾难。一旦你意识到自己犯了错，就要做好准备，承认自己的错误，把损失降到最低。

第二句你必须学会说的话是："我犯了错误。"

每个大的错误都一度是最初可以轻易解决掉的小的错误。令人惊讶的是，人们会让那么多的错误变得越来越严重，如草原之火般蔓延，而在错误发生早期，只要有人有勇气简单地承认"我犯了错误"，问题就能很快得到解决。

💡 培养心理应激能力

第三句你必须学会说的话是:"我改变主意了。"

由于童年的经历,许多人会产生这样的想法:改变先前的主意或改变之前的决定是软弱的标志。但现实并非如此。我们身处日新月异的时代,应该意识到形势已经改变,想要生存下去并且在商业领域取得成功,就必须改变自己的想法,这是勇气、毅力和有能力的标志。

在公司里,我不停地提醒员工犯错没关系。一条来自市场的新信息有可能让你到目前为止想出的最佳方法变得完全无用。你可以在周五制定一整套战略,而周一得到一条新信息,于是被迫放弃原来的战略,从头再来。

第十六章
面对现实

> **实践练习**

1. 自己问自己:"我是否以世界的本来面目而非我所希望的样子来看待世界?"请对自己完全诚实。你迟早是要面对现实的。

2. 养成习惯对自己说这些有魔力的话:"我错了。""我犯了错误。""我改变主意了。"

第十七章
别让障碍成为问题

在实现商业或个人目标的道路上会存在障碍。有些障碍很明显、很清晰,有些障碍是看不见的、令人始料未及的。有些障碍就是唐纳德·拉姆斯菲尔德(Donald Rumsfeld)[1]所称的"未知的未知(the unknown unknowns)"。

前几章我们讨论过提出激发创造力的迫在眉睫

---

[1] 唐纳德·拉姆斯菲尔德:美国前国防部长。——译者注

第十七章
别让障碍成为问题

的问题。创造力的主要作用之一便是找出阻碍你实现最重要目标的因素。你必须把因素全部审查一遍,以便确定最大的障碍是什么,与其他障碍相比,消除它能帮助你最快实现目标。

💡 拦路石

想象一下,自己和一群人一同走在山路上。你们转了个弯,一块滚落的巨石出现在你们的面前,挡住了去路。在这个比喻中,组织的作用就是把众人不同的天赋和技能结合起来,移除这块阻碍你们取得更大进步的"拦路石"。

我在洛杉矶的一群商业伙伴组建了一个高科技公司,为上市公司提供有价值的服务。他们不断地提升自己的服务水平，使用他们服务的客户反馈极好。但是问题是他们的业务量不够，收支无法平衡，更不用说赢利了。他们不停地从潜在投资者处筹集资金，只为公司能够活下去。这种状况持续了好几年。

后来，他们得到了一个很棒的启示，对于高科技行业的初创公司来说，这种启示并不罕见。他们意识到自己的问题是：无须不断提升技术，而是需要把技术出售给更多客户。因为他们一直身处技术后台，从未想过要实现赢利，服务本身是次要的，售出足量服务的能力更为重要。

💡 专注于销售

得到这个启示后，我的这群商业伙伴把注意力

第十七章
别让障碍成为问题

转向寻找出色的营销专家,即所谓的"超越市场表现之人",此人可以把公司提供的服务销往更大的市场。一旦他们清楚问题的解决方案,便很快能够找到那个恰好拥有销售技能的正确之人。

接下来的一年里,这位销售经理积极工作,每周工作 50 个小时,公司扭亏为盈。第二年,盈利翻了三倍。第三年,盈利翻了十倍,这是公司从未想象过的境况。公司的股价也增长了十倍,很快就解决了历年积攒的所有财务问题。

你的"拦路石"是什么呢?什么是阻碍你实现个人或财务愿望的最大障碍?不管它是什么,你必须明确自己最大的问题所在,然后想方设法绕过、跨过或穿过这块"拦路石",从而实现自己最重要的目标。

明确你的"拦路石",集中所有精力把这个障碍物"移开"。与移除所有其他小障碍相比,移除这块"拦路石"能帮助你在短时间内取得最大的进步。

💡 聚类问题

阻碍企业发展的往往是复杂的问题或聚类问题。这是指一个含有许多小因素的问题,所有这些小因素合起来会一同阻碍你取得想要实现的进步。

然而,在复杂的聚类问题中,似乎总存在一个必须优先解决的主要问题,进而才能解决所有其他小问题。一旦这个主要问题被解决了或者被移除了,所有更小的问题似乎很快就迎刃而解了。

人们所犯的最大的错误是他们偏爱去做好玩、

第十七章
别让障碍成为问题

容易的事情,而非正确、必须做且困难的事情。他们喜欢围绕着所有的小障碍、寻常的问题转,反而分散了自己的精力。他们对"拦路石"或主要限制因素视而不见,然而这才是阻碍他们前进的主要障碍。

> **实践练习**
>
> 在你的公司内部或外部,找出当前限制销售和赢利的最大障碍。

第十八章
创新机遇的七大来源

彼得·德鲁克在著作《创新与企业家精神》（*Innovation and Entrepreneurship：Practice and Principles*）中描述了七种可用于各类公司创新的来源。如果你正在寻找创新的方法，让你的公司得以成长的话，那么就从这七种创新的来源开始发掘吧。

意外事件

意外事件，即出乎意料的成功、失败，或者是

第十八章
创新机遇的七大来源

带来或指向新的商业机会的外部事件，往往会带来突破性的创新，会改变整个行业。

皮埃尔·奥米迪亚（Pierre Omidyar）[1]曾经收集了一批佩兹糖果机，想要在市场上销售。因为当时没有可用的网站，于是他便创建了易贝网站（eBay），把这些糖果机卖给出价最高的竞拍者。至此，竞拍者云集而来，于是皮埃尔·奥米迪亚决定利用易贝的模式来销售其他产品。他迅速意识到这是个意外的成功，并将之资本化，使自己成为全世界最富有的人之一。

意料之外的失败也能开启许多商业上的创新性突破。意料之外的产品失败常常会让商家对产品进行重新思考和设计，让它变得更加受欢迎。

---

[1] 皮埃尔·奥米迪亚：易贝网站的创始人。——译者注

💡 不协调的事件

第二个创新的来源是现状与事实"理应如此"之间的不一致。换言之，当本该发生的事情没有发生时，便出现了不协调（incongruity）的状况。

请立即检查一下你的公司发展状况。在你的公司中，在市场的需求中，有没有正在发生的事情不同于你原先的期待？这些不协调的状况都可以成为产品创新的源泉，从而改变你的商业状况。

💡 程序需要

第三个创新的来源是程序需要。当你需要一种技术上、技巧上或系统中的突破来解决公司内部的问题或者克服弱点时，往往需要开发一个具有商业

第十八章
创新机遇的七大来源

应用的程序。你可以用此程序来克服某个阻碍你占据市场主导地位的限制因素。

汤姆·莫纳根（Tom Monaghan）曾经提出一个想法，要在不超过30分钟的时间里把比萨饼送到订餐人手中，但他工作的那家比萨店的老板告诉他这绝对做不到。每块比萨饼要准备、上炉烤、装盒，然后送到订餐人手中。整个过程不可能在30分钟内完成。

汤姆·莫纳根的突破很简单。基于过往送比萨饼的经历和市场调研，他发现在餐厅提供的各式比萨饼中，80%的订单都会落在其中20%的款式上。于是他决定开一家自己的比萨店，只做八款比萨饼——尺寸和配料最受欢迎的八款。他会预备最受欢迎的比萨饼款式，当有新订单的时候，比萨饼已经准备入炉。眨眼工夫，达美乐（Domino）比萨便在全球开了 8000 家分店。

你如何改变或开发一个程序,使自己比竞争对手更好、更快、更便宜或更方便地为客户提供产品?在生产或运输产品的过程中,一个小小的改变或改进就能带来在行业内制胜的优势。

产业和市场结构

由于各种原因所导致的产业和市场结构的变化是第四个创新的来源。一个很好的例子就是 2007 年苹果(Apple)公司推出智能手机 iPhone,这款基于 iOS[1] 系统的智能手机迫使三星公司不得不进入智

---

[1] iOS 是由苹果公司开发的移动操作系统。——编者注

第十八章
创新机遇的七大来源

能手机市场。五年之后，主导商务手机市场的黑莓公司和主导蜂窝电话领域的诺基亚公司迅速衰败。

每个改变或瓦解行业的新发现、新竞争、新技术突破都会为新产品带来机会。在当今瞬息万变的市场中，这些新产品会获得极为丰厚的利润。

人口统计数据

第五个创新的来源是人口统计数据。人口统计数据正在给美国及全世界的公共部门和私营部门带来重大的创新。据美国媒体报道，美国出生于1945—1960年的"婴儿潮"[1]一代将会以每天1万人

---

[1] 婴儿潮是指各国的生育高峰期。——编者注

的速度退休。这些上了年纪的人的需求和欲望——在生活方式、身体健康、旅游等所有领域——正为新产品创造巨大的市场,为许多创新型的企业管理者和公司创造巨大的财富。

美国的人口迁移出现了一些新的特征,人们从东部海岸和北部各州搬迁到西部和南部更为暖和的州。这种人口迁移给家居建设、零售业、医疗等很多行业带来了巨大的变化和大量的商机。

一个影响最为深远的变化是人口从高税负、强管制的州迁至低税负、弱管制的州。比如得克萨斯州免收个人所得税,连续七年被评为"商务环境最佳州",也因此创造了许多新的工作岗位。这些趋势还将延续下去。

第十八章 创新机遇的七大来源

💡 认知的变化

第六个创新的来源是认知的变化。譬如,现在的人比上一代人更为注重服用保健食品和健身。人们渴望更长寿、更健康、更有活力,这些关注点燃了人们对有机食品的狂热,推动了维生素产业的发展。随着经济和科技的发展,人类寿命逐渐延长。与以往相比,更多人想要更成熟、更美好、更健康的生活。这种来自数以百万计、相对比较富有的顾客的欲望正为具有创新精神的企业家创造无限商机,企业家们可以开发新产品来满足此类需求。

💡 新知识

第七个创新的来源是新知识。科学与非科学的新知识会创造新的经济趋势、新的机会，甚至全新的产业。

由于个人电脑的大部分功能和平板电脑设备一样，譬如苹果公司的平板电脑，这种技术改变了计算机行业，导致传统电脑的销售额持续下降，引发价格战，使得个人电脑行业里的许多龙头公司正在走向衰败。与此同时，那些为平板电脑用户创造新的移动应用程序和服务的公司售出不计其数的产品，获得数以亿计的销售额。

然而，新知识是最不可靠的创新的来源，因为新知识进入市场需要很长的时间，而且很难确切地知道这项新知识所带来的结果何时成型。

第十八章
创新机遇的七大来源

> **实践练习**

1. 以你现在所拥有的知识和经历,以及感受周遭千变万化的世界,想象你正在二次创业。你会开始做什么事情,停止做什么事情?

2. 确定你身处的行业当下最重要的趋势,预测五年后的情形,为了公司的生存与发展,确定那时你准备提供的产品。

第十九章
过时产品的十种创造性解决方案

曾经有些产品让你取得今天在公司或行业内所处的地位,可它们却不足以支撑你走得更远。当今人们所使用的 80% 的产品,五年后将不复存在。也就是说,今天市场上提供的产品,包括你所在公司提供的产品,20% 会在一年内过时,会被更具吸引力、可以吸引更多客户的产品所替代。

乍看起来,产品过时问题似乎很令人气馁,可只要再次提出正确的问题,便能激发出具有创造力的解决方案。不停地提出关于产品的问题,激发新

第十九章
过时产品的十种创造性解决方案

的想法,让它们变得更加适应市场,或者带来更多利润。

你可以常常提出下面的问题并予以回答。

(1)你能让其他客户使用自己的产品吗?其他公司、其他行业或其他客户会使用它们吗?

商业规则指出:假如你有好产品,客户却不购买,那么你应该做的是更换客户,而不是更换产品和调整服务。也许你正把营销重点集中在错误的目标上。

(2)你能通过采纳、复制或模仿他人的做法让你的产品变得更好吗?商场上最聪明的做法便是向成功的竞争对手学习,然后想办法比他们做得更好一些。

你可以想办法把一项创新或技术从一个行业应

用到另一个行业。亨利·福特在参观肉食加工厂时，想到将工厂的做法应用到自己公司的生产线上。

思考在你身边的成功企业中，有什么好做法可以复制到你所在的公司中，从而使公司运营得更加高效、更具有赢利能力？

（3）你能修改或重新包装现有的产品，让它使用起来或看起来像是不同的产品吗？你能换个新花样吗？20世纪40年代，华特·迪士尼（Walt Disney）和罗伊·迪士尼（Roy Disney）在游览丹麦哥本哈根的蒂沃利公园时，注意到公园里十分洁净，连一根火柴棒、一张纸都很难见到。相反的，几乎所有美国的游乐园，无论大小，连同县郡集市和牛仔竞技比赛场，都是脏兮兮的，垃圾到处可见，食物满地乱扔。那时华特·迪士尼正在构思建造迪

第十九章
过时产品的十种创造性解决方案

士尼公园。他说:"我要建造一座干净、漂亮的游乐园,吸引世界各地的父母一次又一次地带他们的孩子来游乐园里参观。"接下来发生的事情尽人皆知了。

(4)你能提高产品的竞争力吗?你能让它做大、做强,让它更耀眼吗?你能以某种方式提升它,让它变得更吸引人吗?

每年我都会带全家乘坐"海洋诱惑号"邮轮,享受为期一周的加勒比海游。这艘邮轮建造时能装下5000人,是当时最大的邮轮。船上搭建了七种完全不同的场景,从亚热带场景到沙漠场景,还有许多欧式和美式的木板风格餐厅。

(5)你能打造最小化卓越产品吗?你能让它做得更小、更短或在规模上更有利可图吗?你能去除一些东西，让它变得更简单吗？你能把它拆成多个部件，分开销售吗？

（6）你能否做出替代品？能否使用不同的材料、加工流程、制作方法或分销方法，抑或是采用不同的方式来宣传或包装产品？

（7）你的产品能够进行重新组合或互换部件吗？在此过程中，有没有办法能让你的产品变得更吸引人、更利于销售、更便宜，令更多的客户喜欢？

（8）你能通过逆向思维从一个完全相反的角度来考虑正在做的事情吗？多年前，我没有用降价来对严重积压的产品进行清仓处理，而是采用了一种逆向思维做法——涨价。由于客户觉得产品价格还会上涨，外加我们提供了一些特殊奖金，因此通过这一方法我们把数月以来无法销售掉的产品清

第十九章
过时产品的十种创造性解决方案

了仓。

（9）你能把产品与其他物品组合起来吗？你能把它与其他物品捆绑起来，变成更高价值的市场产品吗？

给某种产品捆绑一些客户需要的其他东西，然后把整合的产品以原有的价格投向市场，这样做可以大大降低客户购买产品的复杂性和不确定性，同时还增加了产品的吸引力。

（10）你能从副产品中找到价值吗？有时候可以。举一个关于贴片式心电电极片生产商的案例。这家生产商生产的电极片都是3英寸（1英寸=2.54厘米）的圆片，生产商会在圆片中间位置钻一个四分之三英寸的孔，然后把孔芯扔掉。

有一天，生产商决定把这些废弃的孔芯打包起来。他们发现了这些孔芯有十几种用途——可作挡门和关抽屉的缓冲器,可以防止画刮到墙,还可以帮助机场乘客确认行李等。生产商把这些孔芯送给客户,客户非常高兴,然而实际上公司没有付出任何额外的成本。

通过客户的大脑和眼睛来看待和思考这个世界。客户愿意花钱获得的是什么?如何为你的客户提供优于竞争对手的购物体验?这些问题没有固定的答案。

实践练习

1. 找出三种具体的途径来改进你的产品,使其变得更加吸引客户。

2. 打电话联系十个最好的客户,请教他们关于

第十九章
过时产品的十种创造性解决方案

改进你的产品的意见和建议,让产品更具吸引力,更加实用。你也许会因他们给出的许多好想法而感到惊喜。

第二十章
价值工程原则

所谓价值工程,指的是通过集体智慧和有组织的活动对产品或服务进行功能分析。作为企业管理者,你可以提出一些关键问题来评估新产品实用性。这些问题包括:

(1)产品是什么?用客户的思维来描述它。

(2)产品有什么用途?它的真正的作用是什么?它怎样改善客户的生活或工作?

(3)产品的成本是多少?

(4)还有哪些类似的产品也具有同样的作用?

第二十章
价值工程原则

（5）其他类似的产品的成本是多少？

亚当·斯密提出了"经济人"这一假设。人们总是想在通盘考虑的前提下，以尽可能低的成本去获取最多的东西。如果在客户心里，你的产品与他人的相似，那么你的产品价格必须等于或低于竞争对手产品的价格，如此才能在市场生存和发展下去。

依据价值工程原则，你常常会做出外包的决定。有些事情你可能无须亲自完成，而是选择外包服务，也就是寻找另一家更有能力或设施齐全的公司，让它代替你的公司来完成相应的工作，从而节省成本。

换句话说，这便是以尽可能低的价格提供最好的产品。这种需求正是公司在国内外寻求外包服务的背后驱动力。人们对低价格的渴望促使全世界的商品制造由高产量和高劳动力成本的国家转移到了低产量和低劳动力成本的亚非国家。

> **实践练习**
>
> 1. 从如何改善客户生活或工作的角度来描述你的产品。你还能为改善客户的生活、工作或其他方面做些什么?
>
> 2. 人们通过购买产品来完成他们需要完成的工作。你的客户还有哪些其他需要完成的工作,你可以通过开发新产品来满足他们的需求吗?

第二十一章
评估你的想法

想法遍地都是。80%的新产品经过广泛的研究和测试还是会失败,而事实证明99%的新想法都是不可行的。深陷自己的想法之前,一定要对它进行严格的评估。

首先,评估这个想法是否有效、可行,是否会带来有意义的改变。确定它是个好想法,足以给目前的状况带来有意义的提升。

💡 效率

你生产新产品的效率高吗？对于当前形势来说，它是意义重大的改进吗？我见过很多人将其产品投入市场，幻想着人们会购买，只是因为他们是带着强大的销售技巧和决心来售卖的。然而，你需要提出的问题应该是："为什么客户会停止购买他们已经很喜欢的东西，而来购买你的产品呢？"

你的产品总是要比现有产品有显著的改进。

💡 相容性

你的新产品能够满足人性需求吗？它与人们喜欢的购物方式相容吗？今时今日，人们更愿意在网

第二十一章
评估你的想法

上购买想要的东西,而非不厌其烦地坐车,穿街过巷到商店里购物。但是还是有许多人依旧会去实体店里购物。这是因为人们在购买东西前,喜欢先触碰、品尝、嗅闻和感受它们。他们喜欢体验真实的购物过程。

对于你所在公司销售的产品,哪些购物方法最受欢迎?

💡 你喜欢它吗?

你自己喜欢这项新产品的创新吗?你会在购买它之后,在家中或在公司里使用它吗?你会把它推荐给你的爸爸、妈妈、兄弟姐妹和好朋友吗?在成长最迅速的公司里,最成功的创新产品是公司所有者和企业管理者真正相信、喜欢使用、愿意推荐给所有人的产品。

有关新产品的想法是否与你的目标一致？这个想法是否值得你或他人完全投入？若它与你的人生目标不相容，而你要全心全意地实现自己的目标，那么你也许应该把这个想法分享给其他人。

💡 它简单吗？

最后，这种新产品它简单吗？几乎所有伟大的创新归根结底都是简单的，用不超过 25 个字就能把它们讲清楚。市场上的客户听到创新的情况，然后会说："是的，这个产品很好，是我想要的。我会购买，因为这正是我需要的。"

第二十一章
评估你的想法

在介绍新产品时，简洁明了是成功的关键，因为销售人员都是普通人，而普通人很难对他们销售的所有东西都了如指掌。而购买的人也是普通人，我们不能期待普通人理解复杂难懂的产品。他们也许无法轻易了解这个产品真正的价值。

某个想法实施的时间点对吗？现在可以实施吗？有时，某个想法进入市场的时间点太早或太晚了。在经济萧条时期，客户可能不会为一个好的奢侈品想法买单。同理，在经济繁荣时期，客户可能看不上折扣货品。

请思考你近期的某个想法是否可行，是否值得投入时间、努力和成本来生产和运输新产品。

实践练习

1. 训练自己对自己的产品提出严苛的问题，尤其在你把新产品引入市场进行投资前，一定要征求当前客户与潜在客户的意见。

2. 牢记商业成功黄金法则。第一法则：客户永远是对的。第二法则：当产生疑问的时候，请参考第一法则。